TAROT & ORACLE

LE JOURNAL DE MES TIRAGES

SELENA MOON

Le lotus & l'éléphant

CE JOURNAL APPARTIENT À :

DU : / /

AU : / /

INTRODUCTION

L'idée de ce journal est née d'un sentiment de frustration que j'ai ressenti envers moi-même. J'avais alors beaucoup de carnets et de journaux, mais la plupart d'entre eux étaient vierges. Afin de les utiliser pour répertorier mes tirages, je devais, à chaque fois, redessiner un tableau et me souvenir des différents éléments à noter, comme la date, l'heure ou les questions importantes. C'était une perte de temps. J'utilisais également des livres et des sources d'inspiration en ligne pour mes différents tirages et j'ai pensé qu'il serait formidable que tout cela soit regroupé en un seul endroit. Lorsque vous faites des lectures pour vous-même ou pour d'autres personnes, il peut être compliqué de garder une trace organisée de tout cela ; cela peut nécessiter plusieurs journaux et livres et vous pourriez perdre des notes si elles sont conservées dans différents carnets.

Voici donc un journal dédié à toutes vos lectures : tarot, oracle, cartes de lecture et autres cartes, ce que vous préférez utiliser, ou pourquoi pas un mélange ? Vous y trouverez des suggestions sur les différents tirages à utiliser, vous pourrez créer et conserver une traces de vos tirages préférés et, bien sûr, utiliser cet espace pour enregistrer toutes les interprétations de vos lectures de manière organisée.

Vous pouvez utiliser ce journal pour faire des tirages sur vous-même, pour prendre des notes sur les lectures que quelqu'un d'autre fait pour vous ou sur celles que vous faites pour d'autres personnes. C'est un journal qui peut fonctionner avec n'importe quel type de jeu de cartes, un trésor à conserver, à traiter avec amour et à toujours garder auprès de vous.

COMMENT UTILISER CE JOURNAL ?

J'ai toujours trouvé que garder une trace écrite de ses lectures pouvait être très utile. Cela vous permet de mettre en évidence différentes significations et de voir comment vous pouvez les articuler. Cela renforce les messages que le tirage essaie de vous transmettre. C'est également un excellent moyen de s'entraîner à faire des lectures si vous êtes novice ou si vous n'êtes pas encore totalement sûr de vous. Vous pouvez apprendre en tirant différentes cartes et en écrivant leur signification. Chaque jour, tirez une carte le matin, notez sa signification dans votre journal, puis écrivez vos premières pensées et prenez des notes mentales tout au long de la journée. Vous commencerez à voir des coïncidences en rapport avec votre carte. À la fin de la journée, notez ce qui, dans votre journée, a le plus ressemblé à la carte ; vous pouvez ensuite vous en servir pour vous souvenir de la signification des différentes cartes.

La troisième raison pour laquelle utiliser ce journal est que vous pouvez revenir en arrière et voir quelles questions vous avez posées, si elles ont été résolues et comment la lecture a reflété ce qui s'est passé. De cette façon, vous pouvez en apprendre davantage sur vos lectures, les cartes et la façon de les interpréter, et constater vos progrès personnels. *Tarot & Oracle, le journal de mes tirages* sert à la fois de guide et de carnet de notes. C'est l'outil idéal pour un tarologue expérimenté comme pour un débutant. Il se compose de quatre sections. La première propose un espace pour noter vos lectures de la carte du jour. La deuxième section comprend des suggestions de tirages pour différents scénarios et nombres de cartes. Dans la troisième section, vous pouvez dessiner vos propres tirages, de une à cinq cartes sur la page de gauche et des tirages allant jusqu'à 12 cartes sur la page de droite. Si vous préférez ne pas suivre un tirage cadré ou composer le vôtre au fur et à mesure, vous pouvez tout de même enregistrer vos lectures dans ce journal. Pour chaque page, vous trouverez des suggestions sur ce qu'il faut noter, comme la date, la personne qui fait la lecture, le jeu de cartes utilisé, etc. ainsi que des lignes vides pour noter vos pensées et interprétations pendant la lecture.

Utilisez-les comme vous le souhaitez et remplissez-les avec autant d'informations que vous le jugez nécessaire. Tout au long de cette section, vous trouverez également quelques feuilles de réflexion personnelle que vous pourrez utiliser pour analyser votre parcours de lecture ! Vous pouvez utiliser ce journal pour tous vos tirages de tarot et d'oracle. Que vous fassiez des lectures pour vous-même ou pour d'autres personnes, ou que d'autres personnes fassent des lectures pour vous, ce journal est fait pour vous. C'est votre précieux journal de lecture, alors utilisez-le comme bon vous semble, sans pression. Gardez votre journal dans un espace sacré, et prenez du plaisir à tirer vos cartes !

NOTES

Les pages du journal sont structurées de manière à organiser toutes les informations issues de vos lectures. Voici une classification de chaque catégorie répertoriée.

DATE	La date à laquelle a eu lieu la lecture.
HEURE	L'heure à laquelle a eu lieu la lecture.
LIEU	Le lieu physique où a eu lieu la lecture. Il peut s'agir d'un pays, d'une ville, ou d'un lieu plus spécifique comme « ma chambre ».
PHASE DE LA LUNE	La phase de la lune à la date du tirage. Entourez la phase qui correspond : ○ Nouvelle lune, ● Pleine lune, ◐ Lune montante ou ◑ descendante.
TIRAGE POUR	La personne pour qui vous tirez les cartes. Ce peut être vous ou quelqu'un d'autre.
TIRAGE FAIT PAR	La personne qui lit les cartes. Ce peut être vous pour quelqu'un d'autre, pour vous-même ou une autre personne pour vous.
TIRAGE UTILISÉ	Il peut s'agir d'un numéro ou du nom du tirage issu de la selection de tirages de ce livre, de votre propre classement de tirages ou le nom d'un tirage emprunté à quelqu'un ou inventé.
NOMBRE DE CARTES	Le nombre total de cartes tirées pour cette lecture.
JEU(X) UTILISÉ(S)	Le nom du jeu utilisé pour la lecture ou des différents jeux si vous en avez mélangé plusieurs.
QUESTION OU SUJET	La question ou le sujet amené par la personne pour qui est fait le tirage.
MOT-CLÉS	Mots ou thématiques qui vous viennent directement à l'esprit quand vous effectuez le tirage.
MESSAGE GLOBAL	Un court résumé des points clés qui ont émergé pendant la lecture.
INTERPRÉTATION	L'interprétation de chaque carte.
RÉFLEXIONS POST-LECTURE	Vos réfléxions après quelques jours de recul. Qu'est-ce qui s'est révélé être vrai ? Les conseils donnés par le tirage ont-ils été suivis ou ignorés ? Est-ce que cela a aidé ou non ?

EXEMPLE :

DATE : *10 / 06/ 2023* HEURE : *13h30* LIEU : *chez moi* PHASE DE LA LUNE : ○ ● ◐ ◑

Lecture réalisée pour : *Moi* Lecture réalisée par : *Moi*

Tirage(s) utilisé(s) : *#35 - La variation élémentaire* Nombre de cartes tirées : *5*

Jeu(x) utilisé(s) : *Rider-Waite*

Question ou sujet : *Emotionnel. Qu'est-ce que je ressens concernant ma situation de vie actuelle et comment l'améliorer ?*

MOTS-CLÉS : *Destinée, passion, confiance*

MESSAGE GLOBAL : *Tu es sur la bonne voie et fais les bonnes choses. Continue et crois en toi-même.*

INTERPRÉTATION :

CARTE 1 : II de Bâtons

J'ai l'impression de devoir choisir entre deux options, d'être amenée à prendre une décision. L'un des choix correspond davantage à ma vision à court terme, mais l'autre reste visible au loin. L'impression de faire passer ma personne, mon sens de l'aventure et ma créativité avant ma famille et mes amis.

CARte 2 : I d'Épées

Je dois prendre le contrôle de mes pensées et étudier ma situation sous différents angles.
Rester positive et utiliser des affirmations.
Gérer les pensées négatives qui surviennent et ne pas les ignorer.

CARTE 3 : Roi de Bâtons

Je dois continuer d'être créative et suivre le chemin sur lequel je suis.
Avoir confiance en la réalisation de mon destin.

CARTE 4 : Valet de Bâtons

Me faire confiance même si le futur est incertain. Regarder droit devant et trouver de nouveaux moyens de créer du lien et de trouver un sentiment d'appartenance, peu importe où je suis actuellement.

CARTE 5 : 9 de Bâtons

Savoir qu'un choix n'est jamais irréversible
et qu'il peut être changé à n'importe quel moment.
Prendre ce que j'ai appris et l'appliquer
dans un contexte spirituel.

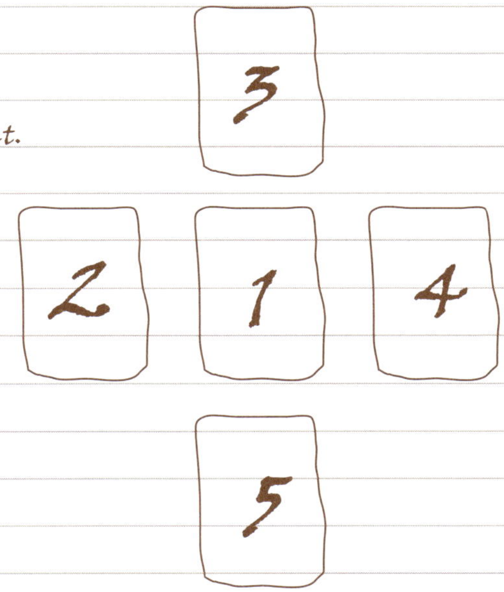

RÉFLEXIONS APRÈS TIRAGE : DATE : 01 / 12 / 2023

Depuis le tirage, je me suis concentrée sur ma confiance en moi et la prise de recul lorsque je dois prendre une décision. Je n'ai pas besoin de me forcer à choisir si cela ne me convient pas et mon chemin se révèlera de lui-même.

DIFFÉRENCES ENTRE TAROT ET ORACLE

Les jeux de tarot et d'oracle peuvent être utilisés de la même manière dans les pratiques divinatoires, mais il s'agit de deux systèmes différents. La principale différence entre les deux est la structure sur laquelle ils sont basés.

LES JEUX DE TAROT

Les jeux de tarot existent depuis des siècles. On pense qu'ils se seraient développés à partir des jeux de cartes standard qui contiennent 52 cartes dans quatre couleurs différentes : cœur, carreau, trèfle et pique. De la même manière, les jeux de tarot ont un ordre fixe où chaque carte a un nom, un numéro, une image et un symbolisme spécifiques qui permet de communiquer un message unique. Ils se composent généralement de 78 cartes réparties entre les arcanes majeurs et les arcanes mineurs, bien que cela puisse varier légèrement en fonction du créateur du jeu. Les arcanes majeurs se composent de 22 cartes, numérotées de 0 à XXI en commençant par Le Fou et en terminant par Le Monde. Chaque carte des arcanes majeurs représente un archétype universel. Les arcanes mineurs se composent de 56 cartes réparties en quatre couleurs, appelées Bâtons, Coupes, Épées et Deniers. Chaque couleur contient 14 cartes numérotées de l'As au 10 et quatre cartes de cour : Valet, Cavalier, Reine et Roi. Chacune des quatre couleurs est généralement liée à un élément naturel : les Bâtons représentent le feu, les Coupes l'eau, les Épées l'air et les Deniers la terre.

Les cartes numérales vous donnent des messages sur des événements, des sentiments ou des pensées, tandis que les cartes de la cour représentent des personnes qui sont dans votre vie ou vont y entrer. Cette structure se retrouve généralement dans le style de tarot Rider-Waite, publié en 1909 et qui a établi une norme. Il est également possible de l'appeler Rider-Waite-Smith, Waite-Smith ou Rider Tarot. Ces noms viennent de ceux des créateurs du jeu, l'illustratrice Pamela Colman Smith et l'auteur Arthur Edward Waite. Vous pouvez trouver des jeux qui sont très similaires au Rider-Waite original, mais aussi des jeux qui ont été modifiés de manière significative. Dans certains jeux, le nom des cartes et des couleurs a été modifié et vous pouvez voir que les Bâtons, les Coupes, les Épées et les Deniers sont appelés par les éléments ou autre chose. Les cartes de cour peuvent avoir été modifiées et devenir Fille, Fils, Mère et Père, par exemple.

LES ORACLES

Les jeux d'oracle n'ont, eux, pas de système fixe : pas de nombre de cartes fixe ou de couleurs à suivre. Alors que les cartes de tarot ont une signification et un symbolisme fixes, les jeux d'oracles ont une signification et un symbolisme propres à leur créateur qui en définisse le système. Il se peut également que ces jeux ne soient pas toujours appelés oracles. Ils peuvent être appelés cartes de lecture, cartes d'inspiration, cartes d'archétype, cartes d'affirmation, etc. La signification de chaque carte diffère également d'un jeu à l'autre, en fonction de la signification que le créateur a attribuée à chaque carte. Comme vous pouvez le constater, les règles des oracles sont moins strictes que celles du tarot. Ce qui unit les deux systèmes, c'est qu'ils peuvent être utilisés dans les mêmes buts : pour la divination, l'auto-assistance, l'orientation de votre propre cheminement spirituel. Vous pouvez même combiner différents jeux à votre guise. C'est toujours votre choix et vous pouvez fixer vos propres règles.

COURTE INTRODUCTION AUX LECTURES DE TAROT ET D'ORACLES

CHOISIR UN JEU

Vous remarquerez rapidement qu'il existe un choix presque illimité de jeux et qu'il peut être difficile de savoir lequel choisir, mais il n'y a pas de bons ou de mauvais jeu. Choisissez celui qui vous plaît le plus, celui avec lequel vous avez une connexion immédiate ou celui qui vous attire le plus pour quelque raison que ce soit.

Si vous êtes novice en matière de lectures, gardez à l'esprit que certains jeux sont plus abstraits et donc plus difficiles à interpréter, tandis que d'autres sont très détaillés avec des illustrations aux messages clairs et peuvent être plus faciles à utiliser au début pour développer votre intuition.

Si vous n'êtes pas sûr de vous, il peut être intéressant de commencer par un tarot traditionnel comme le Rider-Waite ou un oracle accompagné d'un livret avec des interprétations pour chaque carte afin de vous aider dans votre lecture. Les jeux de tarot traditionnels sont rarement accompagnés d'un livret complet d'interprétations, mais vous trouverez beaucoup d'informations en ligne, ou dans des livres dédiés au tarot.

COMMENT NETTOYER VOTRE JEU

Il est souvent suggéré de nettoyer votre jeu avant de l'utiliser, ou entre les lectures, afin de faciliter la connexion de différentes personnes aux cartes. Cela vous permettra également de vous concentrer sur la lecture qui vous attend, comme une remise à zéro. Vous pouvez vous contenter de mélanger votre jeu entre chaque lecture, mais il existe d'autres méthodes pour nettoyer vos cartes. Voici cinq suggestions :

- Utilisez de l'encens, de la sauge par exemple, et passez vos cartes à travers la fumée.
- Mélangez le jeu et effectuez une visualisation en même temps ou dites une affirmation de purification à haute voix telle que « Je purifie ce jeu ».
- Placez des cristaux au-dessus ou autour de votre jeu, comme du quartz clair ou tout autre cristal avec lequel vous vous sentez connecté.
- Placez votre jeu sous la lumière de la lune (idéalement lors d'une pleine lune).
- Fermez les yeux et, tout en tenant le jeu, visualisez une lumière, une fumée ou une couleur purificatrice autour de vos cartes.

TIRAGES ET LECTURES

Vous pouvez aller aussi loin que vous le souhaitez dans l'interprétation de votre tirage. Tirez chaque carte avec intention et ayez à l'esprit ce qu'elle représente (utilisez les significations assignées ou les questions des tirages décrits plus loin dans ce journal ou créez les vôtres). Tirez les dernières cartes de votre tirage face cachée pour que vous ne puissiez pas les voir. Puis retournez-les par le côté, et non de haut en bas, car cela affecterait la direction des cartes. Certaines cartes risquent d'atterrir à l'envers, alors que ce n'était pas prévu. Les cartes tombant à l'envers lorsqu'elles sont retournées sur le côté peuvent avoir une signification différente de celle d'une carte à l'endroit. C'est à vous de décider si vous voulez interpréter différemment la carte inversée. Lors de l'interprétation du tirage, vous pouvez tenter de comprendre les messages à partir de ce que vous voyez ou vous pouvez utiliser le guide, s'il y en a un, pour vous aider à interpréter les cartes. Prêtez attention à tout schéma qui se dessine : si vous voyez des similitudes ou des oppositions dans l'ensemble du tirage, notez la première impression que vous avez et la manière dont chaque carte est liée aux autres. La position et la direction des cartes doivent également être prises en compte.

ENTRAÎNEMENT POUR COMMENCER

Le tirage de la carte du jour permet de se familiariser avec un nouveau jeu de cartes, d'exercer ses capacités d'interprétation, de se sentir à l'aise et d'avoir un aperçu de votre journée. Pour ce tirage, il vous suffit de tirer une nouvelle carte chaque jour dans le même jeu ou dans des jeux différents ; c'est vous qui décidez. Par exemple, vous pouvez tirer votre carte du jour le matin, puis la laisser pour la journée, et lorsque vous y revenez le soir, vous pouvez analyser ce qui, dans votre journée, a été le plus lié à cette carte ou comment la carte a joué un rôle dans votre journée. Vous pouvez aussi la tirer le matin et prendre le conseil, la leçon, le défi ou tout autre chose que vous voyez dans la carte, avec vous pendant la journée pour vous guider dans la bonne direction. N'oubliez pas de fixer votre intention avant de tirer la carte. Pour faciliter cette pratique, vous trouverez dans les pages suivantes un modèle où noter votre carte du jour.

CARTE DU JOUR

CARTE :

NOTES :

CARTE :

NOTES :

CARTE :

NOTES :

CARTE :

NOTES :

CARTE :

NOTES :

CARTE :

NOTES :

CARTE :

NOTES :

CARTE :

NOTES :

CARTE :

NOTES :

CARTE :

NOTES :

CARTE :

NOTES :

CARTE :

NOTES :

CARTE :

NOTES :

CARTE :

NOTES :

CARTE :

NOTES :

CARTE :

NOTES :

CARTE :

NOTES :

CARTE :

NOTES :

CARTE :

NOTES :

CARTE :

NOTES :

CARTE :

NOTES :

CARTE :

NOTES :

CARTE :

NOTES :

CARTE :

NOTES :

CARTE :

NOTES :

CARTE :

NOTES :

CARTE :

NOTES :

CARTE :

NOTES :

CARTE :

NOTES :

CARTE :

NOTES :

CARTE :

NOTES :

CARTE :

NOTES :

CARTE :

NOTES :

CARTE :

NOTES :

CARTE :

NOTES :

CARTE :

NOTES :

CARTE :

NOTES :

CARTE :

NOTES :

CARTE :

NOTES :

CARTE :

NOTES :

CARTE :

NOTES :

CARTE :

NOTES :

CARTE :

NOTES :

CARTE :

NOTES :

CARTE :

NOTES :

CARTE :

NOTES :

CARTE :

NOTES :

CARTE :

NOTES :

CARTE :

NOTES :

CARTE :

NOTES :

CARTE :

NOTES :

CARTE :

NOTES :

CARTE :

NOTES :

CARTE :

NOTES :

CARTE :

NOTES :

CARTE :

NOTES :

CARTE :

NOTES :

CARTE :

NOTES :

CARTE :

NOTES :

CARTE :

NOTES :

CARTE :

NOTES :

CARTE :

NOTES :

CARTE :

NOTES :

CARTE :

NOTES :

CARTE :

NOTES :

CARTE :

NOTES :

CARTE :

NOTES :

CARTE :

NOTES :

CARTE :

NOTES :

CARTE :

NOTES :

CARTE :

NOTES :

CARTE :

NOTES :

CARTE :

NOTES :

CARTE :

NOTES :

CARTE :

NOTES :

CARTE :

NOTES :

CARTE :

NOTES :

CARTE :

NOTES :

CARTE :

NOTES :

CARTE :

NOTES :

CARTE :

NOTES :

CARTE :

NOTES :

CARTE :

NOTES :

CARTE :

NOTES :

CARTE :

NOTES :

CARTE :

NOTES :

CARTE :

NOTES :

CARTE :

NOTES :

CARTE :

NOTES :

CARTE :

NOTES :

TIRAGES

TIRAGES À 1 CARTE

1. CARTE DU JOUR

Avant de commencer votre journée, tirez une carte au hasard dans votre jeu. Analysez-la le soir pour voir ce qui, dans la carte, a ressemblé à votre journée. C'est une excellente façon d'apprendre à connaître votre jeu de cartes.

2. FOCUS SUR

Ce sur quoi vous devez vous concentrer aujourd'hui ou dans un avenir proche.

3. OUI OU NON

Posez une question à laquelle vous pouvez répondre par oui ou non. Notez ce que vous ressentez instantanément en retournant la carte.

4. CONSEIL GÉNÉRAL

Ce que vous avez besoin de savoir en ce moment.

5. À L'AIDE !

Un conseil rapide pour venir à bout d'un défi auquel vous faites face.

6. DIS-MOI QUELQUE CHOSE

Un message aléatoire dont vous pourriez avoir besoin en ce moment. À utiliser lorsque vous ne savez pas quoi demander mais que vous sentez que vous avez besoin d'être guidé.

7. POINT D'AMÉLIORATION

Une opportunité de développement personnel que vous avez peut-être manquée.

8. SI JE DEVAIS CHANGER UNE SEULE CHOSE ?

Cette carte représente un domaine ou un scénario que vous pourriez changer en ce moment même.

9. UN OBSTACLE À VENIR

Un problème qui se profile à l'horizon et auquel vous n'avez pas encore pensé.

10. CARTE PRÉFÉRÉE

Cette carte représente ce dont vous avez envie dans votre vie, ce à quoi vous tenez et ce que vous voulez obtenir en ce moment.

11. CARTE REDOUTÉE

Cette carte représente quelque chose que vous craignez ou que vous avez du mal à affronter.

12. SAUT HORS DU PAQUET

Si une carte saute du paquet pendant que vous le mélangez, c'est qu'il s'agit d'un message pour vous de la part de ce paquet. Cette carte représente un message que vous avez besoin d'entendre maintenant.

TIRAGES À 2 CARTES

13. PROBLÈME — SOLUTION

Ce tirage peut être utilisé pour n'importe quel obstacle, même inconnu.
Carte 1 : le problème à venir.
Carte 2 : la solution à ce problème.

14. POSITIF — NÉGATIF

Focalisez-vous sur un défi auquel vous êtes actuellement confronté ou simplement sur une situation à laquelle vous avez pensé.
Carte 1 : un aspect positif à tirer de ce défi.
Carte 2 : un aspect négatif à tirer de ce défi.

15. DÉFI — LEÇON

Focalisez-vous sur un sujet qui vous rend anxieux.
Carte 1 : le défi auquel vous faites face.
Carte 2 : la leçon à tirer de cette situation.

16. DEUX PERSPECTIVES

Focalisez-vous sur un problème ou un défi auquel vous devez faire face.
Carte 1 : une perspective sur le problème.
Carte 2 : un autre point de vue sur la situation.

TIRAGES À 3 CARTES

17. PASSÉ, PRÉSENT, FUTUR

Carte 1 : événement passé.

Carte 2 : situation présente.

Carte 3 : retombées futures.

18. LA RACINE DU PROBLÈME, DÉFI PERSONNEL, SOLUTION

Carte 1 : la cause du problème actuel.

Carte 2 : un défi personnel à dépasser.

Carte 3 : la solution au problème.

19. BESOINS, SOUHAITS, DÉSIRS

Carte 1 : quelque chose dont vous avez besoin à ce moment précis.

Carte 2 : quelque chose que vous souhaitez à ce moment précis.

Carte 3 : quelque chose que vous désirez à ce moment précis.

20. LÂCHER PRISE, ACCEPTER, PLANIFIER

Carte 1 : vous devriez lâcher prise sur ceci.

Carte 2 : vous devriez accepter ceci.

Carte 3 : vous devriez planifier ceci.

TIRAGES À PLUSIEURS CARTES

21. TIRAGE DU MIROIR SACRÉ (4 CARTES)

Carte 1 : le problème.

Carte 2 : un autre point de vue sur le problème.

Carte 3 : la solution.

Carte 4 : une autre solution possible.

22. REPARTIR DU BON PIED (4 CARTES)

Carte 1 : lâcher prise sur cela.

Carte 2 : se concentrer sur cela.

Carte 3 : un obstacle à venir.

Carte 4 : une solution à envisager.

23. TIRAGE DE LA NOUVELLE LUNE (4 CARTES)

Carte 1 : un nouveau début.

Carte 2 : comment commencer.

Carte 3 : lâchez priser sur cela.

Carte 4 : lâchez prise sur cela également.

24. TIRAGE DE LA PLEINE LUNE (5 CARTES)

Carte 1 : votre objectif.

Carte 2 : ce que vous avez fait jusque-là pour l'atteindre.

Carte 3 : quelle(s) action(s) vous avez besoin de mettre en route pour l'atteindre.

Carte 4 : tirez de l'énergie de cela.

Carte 5 : tirez de l'énergie de cela.

25. NOUVEAUX DÉPARTS (5 CARTES)

Carte 1 : concentrez-vous là-dessus.

Carte 2 : lâchez prise sur cela.

Carte 3 : acceptez cela.

Carte 4 : une expérience positive à venir.

Carte 5 : un challenge potentiel à venir.

26. TIRAGE DE LA TRANSITION (5 CARTES)

Carte 1 : situation actuelle.

Carte 2 : un problème passé.

Carte 3 : la racine du problème.

Carte 4 : renoncez à cela pour permettre la transition.

Carte 5 : la solution.

27. PLEINE CONSCIENCE (6 CARTES)

Carte 1 : où vous vous trouvez actuellement.

Carte 2 : où vous allez.

Carte 3 : votre aspiration.

Carte 4 : vos peurs.

Carte 5 : votre véritable désir.

Carte 6 : un message caché.

28. INTROSPECTION (7 CARTES)

Carte 1 : votre situation actuelle ou les émotions que vous ressentez aujourd'hui.

Carte 2 : vos peurs à propos de cette situation.

Carte 3 : vos souhaits et désirs.

Carte 4 : vos insécurités à propos de cette situation.

Carte 5 : comment dépasser vos peurs.

Carte 6 : comment réaliser vos souhaits.

Carte 7 : la solution pour calmer vos insécurités.

29. LA PYRAMIDE DES CONFLITS ET DE LA RÉSOLUTION (7 CARTES)

Carte 1 : problème actuel.

Carte 2 : ce qu'il va se passer de votre côté.

Carte 3 : ce que vous devez faire.

Carte 4 : ce qu'il va se passer du côté de la personne avec laquelle vous êtes en conflit.

Carte 5 : ce que la personne avec laquelle vous êtes en conflit souhaite faire.

Carte 6 : action à entreprendre.

Carte 7 : résolution finale.

30. TIRAGE DE LA FRUSTRATION (8 CARTES)

Carte 1 : pourquoi vous êtes énervé – raison 1.

Carte 2 : pourquoi vous êtes énervé – raison 2.

Carte 3 : pourquoi vous êtes énervé – raison 3.

Carte 4 : le point de vue de l'autre personne – 1.

Carte 5 : le point de vue de l'autre personne – 2.

Carte 6 : le point de vue de l'autre personne – 3.

Carte 7 : comment résoudre la frustration – option 1.

Carte 8 : comment résoudre la frustration – option 2.

31. TIRAGE DE L'ANCIENNE PYRAMIDE (9 CARTES)

Carte 1 : objectif ou désir.

Carte 2 : conseil d'une entité supérieure.

Carte 3 : un obstacle.

Carte 4 : la prochaine étape.

Carte 5 : la situation actuelle.

Carte 6 : un événement récent.

Carte 7 : un événement passé.

Carte 8 : un événement passé.

Carte 9 : but.

32. TIRAGE DES AMOUREUX (11 CARTES)

Carte 1 : situation actuelle avec votre partenaire.
Carte 2 : vos sentiments.
Carte 3 : ses sentiments.
Carte 4 : vos peurs.
Carte 5 : vos souhaits.
Carte 6 : ses peurs.
Carte 7 : ses souhaits.
Carte 8 : vos insécurités.
Carte 9 : ses insécurités.
Carte 10 : une solution commune.
Carte 11 : une solution commune.

33. LA ROUE DE L'ANNÉE (13 CARTES)

Utilisez ce tirage pour analyser chaque mois de l'année à venir.

Carte 0 : vous, aujourd'hui.
Carte 1 : Janvier.
Carte 2 : Février.
Carte 3 : Mars.
Carte 4 : Avril.
Carte 5 : Mai.
Carte 6 : Juin.
Carte 7 : Juillet.
Carte 8 : Août.
Carte 9 : Septembre.
Carte 10 : Octobre.
Carte 11 : Novembre.
Carte 12 : Décembre.

TIRAGES DE TAROT

34. TIRAGE ÉLÉMENTAIRE (4 CARTES)

Concentrez-vous sur une situation ou un problème actuel.

Séparez les 4 couleurs (Bâtons, Coupes, Épées, Deniers) et tirez une carte de chaque couleur.

Carte 1, Coupes : comment vous pouvez gérer vos émotions à propos du problème.

Carte 2, Épées : comment vous pouvez gérer vos pensées à propos du problème.

Carte 3, Bâtons : comment vous pouvez utiliser votre créativité pour résoudre le problème.

Carte 4, Deniers : comment vous pouvez utiliser les esprits pour vous guider.

35. TIRAGE ÉLÉMENTAIRE ALTERNATIF (5 CARTES)

Concentrez-vous sur une situation ou un problème actuel. Ne séparez pas votre jeu par couleur comme pour le tirage 34. Dans ce tirage, chaque réponse est liée à un élément différent.

Carte 1 : votre situation actuelle.

Carte 2 : comment maîtriser vos émotions à propos de ce problème actuel.

Carte 3 : comment trouver une solution logique.

Carte 4 : comment utiliser votre passion pour tirer un bénéfice de cette situation.

Carte 5 : comment améliorer votre santé spitiruelle pour améliorer la situation actuelle.

36. TIRAGE DES GUIDES (5 CARTES)

Sortez les arcanes majeurs et les cartes de cour de votre jeu. Mélangez-les et tirez cinq cartes.

Carte 1 : votre guide pour l'esprit.

Carte 2 : votre guide pour l'amour.

Carte 3 : votre guide pour vous élever spirituellement.

Carte 4 : votre guide pour la famille.

Carte 5 : votre guide ancestral.

37. DÉVELOPPEMENT ÉMOTIONNEL (5 CARTES)

Pour ce tirage, n'utilisez que la suite de Coupes de votre jeu.

Carte 1 : vos sentiments au départ.

Carte 2 : ce que vous aviez l'habitude de ressentir.

Carte 3 : vos sentiments aujourd'hui.

Carte 4 : la prochaine étape.

Carte 5 : le résultat final.

38. DÉVELOPPEMENT SPITIRUEL (5 CARTES)

Pour ce tirage, n'utilisez que la suite de Deniers de votre jeu.

Carte 1 : votre état spirituel initial.

Carte 2 : votre dernier état spirituel à date.

Carte 3 : votre état spirituel actuellement.

Carte 4 : la prochaine étape.

Carte 5 : le résultat final.

39. DÉVELOPPEMENT COGNITIF (5 CARTES)

Pour ce tirage, n'utilisez que la suite des Épées de votre jeu.

Carte 1 : votre première façon de penser.

Carte 2 : la manière dont vous aviez l'habitude de penser.

Carte 3 : votre manière de pensée actuellement.

Carte 4 : la prochaine étape.

Carte 5 : le résultat final.

40. TIRAGE DU DÉVELOPPEMENT PERSONNEL (5 CARTES)

Pour ce tirage, utilisez seulement les arcanes de Bâtons.

Carte 1 : comment vous avez commencé.

Carte 2 : comment vous aviez l'habitude de vous voir.

Carte 3 : comment vous vous voyez aujourd'hui.

Carte 4 : la prochaine étape.

Carte 5 : le résultat final.

41. TIRAGE DU VOYAGE SACRÉ (7 CARTES)

Sortez tous les arcanes majeurs de votre jeu et utilisez seulement ces cartes.

Carte 1 : point de départ.

Carte 2 : première partie de votre voyage.

Carte 3 : seconde partie de votre voyage.

Carte 4 : situation actuelle.

Carte 5 : prochaine étape de votre voyage.

Carte 6 : une plaisante surprise.

Carte 7 : la destination finale.

42. TIRAGE DE L'OMBRE ET DE LA LUMIÈRE (8 CARTES)

Séparez les différentes couleurs en quatre tas (Bâtons, Coupes, Épées, Deniers) et tirez deux cartes de chacun d'eux. N'utilisez pas les arcanes majeurs. Utilisez la représentation de chaque couleur pour trouver et analyser les forces et les faiblesses des différents aspects de votre personnalité.

Carte 1, Bâtons : force.

Carte 2, Bâtons : faiblesse.

Carte 3, Deniers : force.

Carte 4, Deniers : faiblesse.

Carte 5, Coupes : force.

Carte 6, Coupes : faiblesse.

Carte 7, Épées : force.

Carte 8, Épées : faiblesse.

43. LA CROIX CELTIQUE* (10 CARTES)

Carte 1 : présent.

Carte 2 : problème.

Carte 3 : racines du problème.

Carte 4 : passé.

Carte 5 : présent.

Carte 6 : futur proche.

Carte 7 : votre pouvoir.

Carte 8 : espoir.

Carte 9 : peurs.

Carte 10 : résultat.

*La Croix Celtique est un tirage traditionnel qui existe depuis très longtemps. Il en existe plusieurs versions qui diffèrent légèrement. Ceci n'est qu'un des tirages possibles.

MES TIRAGES

Utilisez ces pages pour garder une trace écrite de vos tirages préférés trouvés ailleurs et de ceux que vous avez inventés vous-même.

#: NOM :

Carte 1 :

Carte 2 :

Carte 3 :

Carte 4 :

Carte 5 :

#: NOM :

Carte 1 :

Carte 2 :

Carte 3 :

Carte 4 :

Carte 5 :

#: NOM :

Carte 1 :

Carte 2 :

Carte 3 :

Carte 4 :

Carte 5 :

Carte 6 :

Carte 7 :

Carte 8 :

Carte 9 :

Carte 10 :

Carte 11 :

Carte 12 :

#: NOM :

Carte 1 :

Carte 2 :

Carte 3 :

Carte 4 :

Carte 5 :

#: NOM :

Carte 1 :

Carte 2 :

Carte 3 :

Carte 4 :

Carte 5 :

#: NOM :

Carte 1 :

Carte 2 :

Carte 3 :

Carte 4 :

Carte 5 :

Carte 6 :

Carte 7 :

Carte 8 :

Carte 9 :

Carte 10 :

Carte 11 :

Carte 12 :

#: NOM :

Carte 1 :

Carte 2 :

Carte 3 :

Carte 4 :

Carte 5 :

#: NOM :

Carte 1 :

Carte 2 :

Carte 3 :

Carte 4 :

Carte 5 :

#: NOM :

Carte 1 :

Carte 2 :

Carte 3 :

Carte 4 :

Carte 5 :

Carte 6 :

Carte 7 :

Carte 8 :

Carte 9 :

Carte 10 :

Carte 11 :

Carte 12 :

#: NOM :

Carte 1 :

Carte 2 :

Carte 3 :

Carte 4 :

Carte 5 :

#: NOM :

Carte 1 :

Carte 2 :

Carte 3 :

Carte 4 :

Carte 5 :

#: NOM :

Carte 1 :

Carte 2 :

Carte 3 :

Carte 4 :

Carte 5 :

Carte 6 :

Carte 7 :

Carte 8 :

Carte 9 :

Carte 10 :

Carte 11 :

Carte 12 :

#: NOM :

Carte 1 :

Carte 2 :

Carte 3 :

Carte 4 :

Carte 5 :

#: NOM :

Carte 1 :

Carte 2 :

Carte 3 :

Carte 4 :

Carte 5 :

#: NOM :

Carte 1 :

Carte 2 :

Carte 3 :

Carte 4 :

Carte 5 :

Carte 6 :

Carte 7 :

Carte 8 :

Carte 9 :

Carte 10 :

Carte 11 :

Carte 12 :

#: NOM :

Carte 1 :

Carte 2 :

Carte 3 :

Carte 4 :

Carte 5 :

#: NOM :

Carte 1 :

Carte 2 :

Carte 3 :

Carte 4 :

Carte 5 :

#: NOM :

Carte 1 :

Carte 2 :

Carte 3 :

Carte 4 :

Carte 5 :

Carte 6 :

Carte 7 :

Carte 8 :

Carte 9 :

Carte 10 :

Carte 11 :

Carte 12 :

#: NOM :

Carte 1 :

Carte 2 :

Carte 3 :

Carte 4 :

Carte 5 :

#: NOM :

Carte 1 :

Carte 2 :

Carte 3 :

Carte 4 :

Carte 5 :

#: NOM :

Carte 1 :

Carte 2 :

Carte 3 :

Carte 4 :

Carte 5 :

Carte 6 :

Carte 7 :

Carte 8 :

Carte 9 :

Carte 10 :

Carte 11 :

Carte 12 :

#: NOM :

Carte 1 :

Carte 2 :

Carte 3 :

Carte 4 :

Carte 5 :

#: NOM :

Carte 1 :

Carte 2 :

Carte 3 :

Carte 4 :

Carte 5 :

#: NOM :

Carte 1 :

Carte 2 :

Carte 3 :

Carte 4 :

Carte 5 :

Carte 6 :

Carte 7 :

Carte 8 :

Carte 9 :

Carte 10 :

Carte 11 :

Carte 12 :

#: NOM :

Carte 1 :

Carte 2 :

Carte 3 :

Carte 4 :

Carte 5 :

#: NOM :

Carte 1 :

Carte 2 :

Carte 3 :

Carte 4 :

Carte 5 :

#: NOM :

Carte 1 :

Carte 2 :

Carte 3 :

Carte 4 :

Carte 5 :

Carte 6 :

Carte 7 :

Carte 8 :

Carte 9 :

Carte 10 :

Carte 11 :

Carte 12 :

#: NOM :

Carte 1 :

Carte 2 :

Carte 3 :

Carte 4 :

Carte 5 :

#: NOM :

Carte 1 :

Carte 2 :

Carte 3 :

Carte 4 :

Carte 5 :

#: NOM :

Carte 1 :

Carte 2 :

Carte 3 :

Carte 4 :

Carte 5 :

Carte 6 :

Carte 7 :

Carte 8 :

Carte 9 :

Carte 10 :

Carte 11 :

Carte 12 :

#: NOM :

Carte 1 :

Carte 2 :

Carte 3 :

Carte 4 :

Carte 5 :

#: NOM :

Carte 1 :

Carte 2 :

Carte 3 :

Carte 4 :

Carte 5 :

NOTES

DATE : / / HEURE : LIEU : PHASE DE LA LUNE : ○ ● ◐ ◑

Tirage pour : Tirage fait par :

Méthode de tirage utilisée : Nombre de cartes tirées :

Jeu(x) utilisé(s):

Question ou sujet :

MOT-CLÉS :

MESSAGE GLOBAL :

INTERPRÉTATION :

RÉFLEXIONS POST-LECTURE : DATE : / /

DATE : / / HEURE : LIEU : PHASE DE LA LUNE : ○ ● ◐ ◑

Tirage pour : Tirage fait par :

Méthode de tirage utilisée : Nombre de cartes tirées :

Jeu(x) utilisé(s):

Question ou sujet :

MOT-CLÉS :

MESSAGE GLOBAL :

INTERPRÉTATION :

RÉFLEXIONS POST-LECTURE :

DATE : / /

DATE : / / HEURE : LIEU : PHASE DE LA LUNE : ○ ● ◐ ◑

Tirage pour : Tirage fait par :

Méthode de tirage utilisée : Nombre de cartes tirées :

Jeu(x) utilisé(s):

Question ou sujet :

MOT-CLÉS :

MESSAGE GLOBAL :

INTERPRÉTATION :

RÉFLEXIONS POST-LECTURE : DATE : / /

DATE : / / HEURE : LIEU : PHASE DE LA LUNE : ○ ● ◐ ◑

Tirage pour : Tirage fait par :

Méthode de tirage utilisée : Nombre de cartes tirées :

Jeu(x) utilisé(s):

Question ou sujet :

MOT-CLÉS :

MESSAGE GLOBAL :

INTERPRÉTATION :

RÉFLEXIONS POST-LECTURE : DATE : / /

DATE : / / HEURE : LIEU : PHASE DE LA LUNE : ○ ● ◐ ◑

Tirage pour : Tirage fait par :

Méthode de tirage utilisée : Nombre de cartes tirées :

Jeu(x) utilisé(s):

Question ou sujet :

MOT-CLÉS :

MESSAGE GLOBAL :

INTERPRÉTATION :

RÉFLEXIONS POST-LECTURE :

DATE : / /

DATE : / / HEURE : LIEU : PHASE DE LA LUNE : ○ ● ◐ ◑

Tirage pour : Tirage fait par :

Méthode de tirage utilisée : Nombre de cartes tirées :

Jeu(x) utilisé(s):

Question ou sujet :

MOT-CLÉS :

MESSAGE GLOBAL :

INTERPRÉTATION :

RÉFLEXIONS POST-LECTURE : DATE : / /

DATE : / / HEURE : LIEU : PHASE DE LA LUNE : ○ ● ◐ ◑

Tirage pour : Tirage fait par :

Méthode de tirage utilisée : Nombre de cartes tirées :

Jeu(x) utilisé(s):

Question ou sujet :

MOT-CLÉS :

MESSAGE GLOBAL :

INTERPRÉTATION :

RÉFLEXIONS POST-LECTURE :

DATE : / /

DATE : / / HEURE : LIEU : PHASE DE LA LUNE : ○ ● ◐ ◑

Tirage pour : Tirage fait par :

Méthode de tirage utilisée : Nombre de cartes tirées :

Jeu(x) utilisé(s):

Question ou sujet :

MOT-CLÉS :

MESSAGE GLOBAL :

INTERPRÉTATION :

RÉFLEXIONS POST-LECTURE : DATE : / /

DATE : / / HEURE : LIEU : PHASE DE LA LUNE : ○ ● ◐ ◑

Tirage pour : Tirage fait par :

Méthode de tirage utilisée : Nombre de cartes tirées :

Jeu(x) utilisé(s):

Question ou sujet :

MOT-CLÉS :

MESSAGE GLOBAL :

INTERPRÉTATION :

RÉFLEXIONS POST-LECTURE : DATE : / /

DATE : / / HEURE : LIEU : PHASE DE LA LUNE : ○ ● ◐ ◑

Tirage pour : Tirage fait par :

Méthode de tirage utilisée : Nombre de cartes tirées :

Jeu(x) utilisé(s):

Question ou sujet :

MOT-CLÉS :

MESSAGE GLOBAL :

INTERPRÉTATION :

RÉFLEXIONS POST-LECTURE :

DATE : / /

DATE : / / HEURE : LIEU : PHASE DE LA LUNE : ○ ● ◐ ◑

Tirage pour : Tirage fait par :

Méthode de tirage utilisée : Nombre de cartes tirées :

Jeu(x) utilisé(s):

Question ou sujet :

MOT-CLÉS :

MESSAGE GLOBAL :

INTERPRÉTATION :

RÉFLEXIONS POST-LECTURE : DATE : / /

DATE : / / HEURE : LIEU : PHASE DE LA LUNE : ○ ● ◐ ◑

Tirage pour : Tirage fait par :

Méthode de tirage utilisée : Nombre de cartes tirées :

Jeu(x) utilisé(s):

Question ou sujet :

MOT-CLÉS :

MESSAGE GLOBAL :

INTERPRÉTATION :

RÉFLEXIONS POST-LECTURE : DATE : / /

DATE : / / HEURE : LIEU : PHASE DE LA LUNE : ○ ● ◐ ◑

Tirage pour : Tirage fait par :

Méthode de tirage utilisée : Nombre de cartes tirées :

Jeu(x) utilisé(s):

Question ou sujet :

MOT-CLÉS :

MESSAGE GLOBAL :

INTERPRÉTATION :

RÉFLEXIONS POST-LECTURE : DATE : / /

DATE : / / HEURE : LIEU : PHASE DE LA LUNE : ○ ● ◐ ◑

Tirage pour : Tirage fait par :

Méthode de tirage utilisée : Nombre de cartes tirées :

Jeu(x) utilisé(s):

Question ou sujet :

MOT-CLÉS :

MESSAGE GLOBAL :

INTERPRÉTATION :

RÉFLEXIONS POST-LECTURE : DATE : / /

DATE : / / HEURE : LIEU : PHASE DE LA LUNE : ○ ● ◐ ◑

Tirage pour : Tirage fait par :

Méthode de tirage utilisée : Nombre de cartes tirées :

Jeu(x) utilisé(s):

Question ou sujet :

MOT-CLÉS :

MESSAGE GLOBAL :

INTERPRÉTATION :

RÉFLEXIONS POST-LECTURE :

DATE : / /

DATE : / / HEURE : LIEU : PHASE DE LA LUNE : ○ ● ◐ ◑

Tirage pour : Tirage fait par :

Méthode de tirage utilisée : Nombre de cartes tirées :

Jeu(x) utilisé(s):

Question ou sujet :

MOT-CLÉS :

MESSAGE GLOBAL :

INTERPRÉTATION :

RÉFLEXIONS POST-LECTURE : DATE : / /

RÉFLEXIONS PERSONNELLES

COMMENT MES LECTURES M'ONT-ELLES AIDÉ JUSQUE-LÀ ?

QUELLES PRATIQUES FONCTIONNENT LE MIEUX POUR MOI ?

OÙ PUIS-JE ENCORE M'AMÉLIORER ?

LA PROCHAINE ÉTAPE DANS MON JOURNAL DE LECTURES :

DATE : / / HEURE : LIEU : PHASE DE LA LUNE : ○ ● ◐ ◑

Tirage pour : Tirage fait par :

Méthode de tirage utilisée : Nombre de cartes tirées :

Jeu(x) utilisé(s):

Question ou sujet :

MOT-CLÉS :

MESSAGE GLOBAL :

INTERPRÉTATION :

RÉFLEXIONS POST-LECTURE :

DATE : / /

DATE : / / HEURE : LIEU : PHASE DE LA LUNE : ○ ● ◐ ◑

Tirage pour : Tirage fait par :

Méthode de tirage utilisée : Nombre de cartes tirées :

Jeu(x) utilisé(s):

Question ou sujet :

MOT-CLÉS :

MESSAGE GLOBAL :

INTERPRÉTATION :

RÉFLEXIONS POST-LECTURE : DATE : / /

DATE : / / HEURE : LIEU : PHASE DE LA LUNE : ○ ● ◐ ◑

Tirage pour : Tirage fait par :

Méthode de tirage utilisée : Nombre de cartes tirées :

Jeu(x) utilisé(s):

Question ou sujet :

MOT-CLÉS :

MESSAGE GLOBAL :

INTERPRÉTATION :

RÉFLEXIONS POST-LECTURE : DATE : / /

DATE : / / HEURE : LIEU : PHASE DE LA LUNE : ○ ● ◐ ◑

Tirage pour : Tirage fait par :

Méthode de tirage utilisée : Nombre de cartes tirées :

Jeu(x) utilisé(s):

Question ou sujet :

MOT-CLÉS :

MESSAGE GLOBAL :

INTERPRÉTATION :

RÉFLEXIONS POST-LECTURE : DATE : / /

DATE : / / HEURE : LIEU : PHASE DE LA LUNE : ○ ● ◐ ◑

Tirage pour : Tirage fait par :

Méthode de tirage utilisée : Nombre de cartes tirées :

Jeu(x) utilisé(s):

Question ou sujet :

MOT-CLÉS :

MESSAGE GLOBAL :

INTERPRÉTATION :

RÉFLEXIONS POST-LECTURE : DATE : / /

DATE : / / HEURE : LIEU : PHASE DE LA LUNE : ○ ● ◐ ◑

Tirage pour : Tirage fait par :

Méthode de tirage utilisée : Nombre de cartes tirées :

Jeu(x) utilisé(s):

Question ou sujet :

MOT-CLÉS :

MESSAGE GLOBAL :

INTERPRÉTATION :

RÉFLEXIONS POST-LECTURE : DATE : / /

DATE : / / HEURE : LIEU : PHASE DE LA LUNE : ○ ● ◐ ◑

Tirage pour : Tirage fait par :

Méthode de tirage utilisée : Nombre de cartes tirées :

Jeu(x) utilisé(s):

Question ou sujet :

MOT-CLÉS :

MESSAGE GLOBAL :

INTERPRÉTATION :

RÉFLEXIONS POST-LECTURE :

DATE : / /

DATE : / / HEURE : LIEU : PHASE DE LA LUNE : ○ ● ◐ ◑

Tirage pour : Tirage fait par :

Méthode de tirage utilisée : Nombre de cartes tirées :

Jeu(x) utilisé(s):

Question ou sujet :

MOT-CLÉS :

MESSAGE GLOBAL :

INTERPRÉTATION :

RÉFLEXIONS POST-LECTURE :

DATE : / /

DATE : / / HEURE : LIEU : PHASE DE LA LUNE : ○ ● ◐ ◑

Tirage pour : Tirage fait par :

Méthode de tirage utilisée : Nombre de cartes tirées :

Jeu(x) utilisé(s):

Question ou sujet :

MOT-CLÉS :

MESSAGE GLOBAL :

INTERPRÉTATION :

RÉFLEXIONS POST-LECTURE :

DATE :   /   /

DATE : / / HEURE : LIEU : PHASE DE LA LUNE : ○ ● ◐ ◑

Tirage pour : Tirage fait par :

Méthode de tirage utilisée : Nombre de cartes tirées :

Jeu(x) utilisé(s):

Question ou sujet :

MOT-CLÉS :

MESSAGE GLOBAL :

INTERPRÉTATION :

RÉFLEXIONS POST-LECTURE : DATE : / /

DATE : / / HEURE : LIEU : PHASE DE LA LUNE : ○ ● ◐ ◑

Tirage pour : Tirage fait par :

Méthode de tirage utilisée : Nombre de cartes tirées :

Jeu(x) utilisé(s):

Question ou sujet :

MOT-CLÉS :

MESSAGE GLOBAL :

INTERPRÉTATION :

RÉFLEXIONS POST-LECTURE :

DATE : / /

DATE : / / HEURE : LIEU : PHASE DE LA LUNE : ○ ● ◐ ◑

Tirage pour : Tirage fait par :

Méthode de tirage utilisée : Nombre de cartes tirées :

Jeu(x) utilisé(s):

Question ou sujet :

MOT-CLÉS :

MESSAGE GLOBAL :

INTERPRÉTATION :

RÉFLEXIONS POST-LECTURE : DATE : / /

DATE : / / HEURE : LIEU : PHASE DE LA LUNE : ○ ● ◐ ◑

Tirage pour : Tirage fait par :

Méthode de tirage utilisée : Nombre de cartes tirées :

Jeu(x) utilisé(s):

Question ou sujet :

MOT-CLÉS :

MESSAGE GLOBAL :

INTERPRÉTATION :

RÉFLEXIONS POST-LECTURE :

DATE : / /

DATE : / / HEURE : LIEU : PHASE DE LA LUNE : ○ ● ◐ ◑

Tirage pour : Tirage fait par :

Méthode de tirage utilisée : Nombre de cartes tirées :

Jeu(x) utilisé(s):

Question ou sujet :

MOT-CLÉS :

MESSAGE GLOBAL :

INTERPRÉTATION :

RÉFLEXIONS POST-LECTURE : DATE : / /

DATE : / / HEURE : LIEU : PHASE DE LA LUNE : ○ ● ◐ ◑

Tirage pour : Tirage fait par :

Méthode de tirage utilisée : Nombre de cartes tirées :

Jeu(x) utilisé(s):

Question ou sujet :

MOT-CLÉS :

MESSAGE GLOBAL :

INTERPRÉTATION :

RÉFLEXIONS POST-LECTURE : DATE : / /

DATE : / / HEURE : LIEU : PHASE DE LA LUNE : ○ ● ◐ ◑

Tirage pour : Tirage fait par :

Méthode de tirage utilisée : Nombre de cartes tirées :

Jeu(x) utilisé(s):

Question ou sujet :

MOT-CLÉS :

MESSAGE GLOBAL :

INTERPRÉTATION :

RÉFLEXIONS POST-LECTURE : DATE : / /

RÉFLEXIONS PERSONNELLES

COMMENT MES LECTURES M'ONT-ELLES AIDÉ JUSQUE-LÀ ?

QUELLES PRATIQUES FONCTIONNENT LE MIEUX POUR MOI ?

OÙ PUIS-JE ENCORE M'AMÉLIORER ?

LA PROCHAINE ÉTAPE DANS MON JOURNAL DE LECTURES :

DATE : / / HEURE : LIEU : PHASE DE LA LUNE : ○ ● ◐ ◑

Tirage pour : Tirage fait par :

Méthode de tirage utilisée : Nombre de cartes tirées :

Jeu(x) utilisé(s):

Question ou sujet :

MOT-CLÉS :

MESSAGE GLOBAL :

INTERPRÉTATION :

RÉFLEXIONS POST-LECTURE : DATE : / /

DATE : / / HEURE : LIEU : PHASE DE LA LUNE : ○ ● ◐ ◑

Tirage pour : Tirage fait par :

Méthode de tirage utilisée : Nombre de cartes tirées :

Jeu(x) utilisé(s):

Question ou sujet :

MOT-CLÉS :

MESSAGE GLOBAL :

INTERPRÉTATION :

RÉFLEXIONS POST-LECTURE : DATE : / /

DATE : / / HEURE : LIEU : PHASE DE LA LUNE : ○ ● ◐ ◑

Tirage pour : Tirage fait par :

Méthode de tirage utilisée : Nombre de cartes tirées :

Jeu(x) utilisé(s):

Question ou sujet :

MOT-CLÉS :

MESSAGE GLOBAL :

INTERPRÉTATION :

RÉFLEXIONS POST-LECTURE :

DATE : / /

DATE : / / HEURE : LIEU : PHASE DE LA LUNE : ○ ● ◐ ◑

Tirage pour : Tirage fait par :

Méthode de tirage utilisée : Nombre de cartes tirées :

Jeu(x) utilisé(s):

Question ou sujet :

MOT-CLÉS :

MESSAGE GLOBAL :

INTERPRÉTATION :

RÉFLEXIONS POST-LECTURE :

DATE : / /

DATE : / / HEURE : LIEU : PHASE DE LA LUNE : ○ ● ◐ ◑

Tirage pour : Tirage fait par :

Méthode de tirage utilisée : Nombre de cartes tirées :

Jeu(x) utilisé(s):

Question ou sujet :

MOT-CLÉS :

MESSAGE GLOBAL :

INTERPRÉTATION :

RÉFLEXIONS POST-LECTURE : DATE : / /

DATE : / / HEURE : LIEU : PHASE DE LA LUNE : ○ ● ◐ ◑

Tirage pour : Tirage fait par :

Méthode de tirage utilisée : Nombre de cartes tirées :

Jeu(x) utilisé(s):

Question ou sujet :

MOT-CLÉS :

MESSAGE GLOBAL :

INTERPRÉTATION :

RÉFLEXIONS POST-LECTURE :

DATE : / /

DATE : / / HEURE : LIEU : PHASE DE LA LUNE : ○ ● ◐ ◑

Tirage pour : Tirage fait par :

Méthode de tirage utilisée : Nombre de cartes tirées :

Jeu(x) utilisé(s):

Question ou sujet :

MOT-CLÉS :

MESSAGE GLOBAL :

INTERPRÉTATION :

RÉFLEXIONS POST-LECTURE : DATE : / /

DATE : / / HEURE : LIEU : PHASE DE LA LUNE : ○ ● ◐ ◑

Tirage pour : Tirage fait par :

Méthode de tirage utilisée : Nombre de cartes tirées :

Jeu(x) utilisé(s):

Question ou sujet :

MOT-CLÉS :

MESSAGE GLOBAL :

INTERPRÉTATION :

RÉFLEXIONS POST-LECTURE :

DATE : / /

DATE : / / HEURE : LIEU : PHASE DE LA LUNE : ○ ● ◐ ◑

Tirage pour : Tirage fait par :

Méthode de tirage utilisée : Nombre de cartes tirées :

Jeu(x) utilisé(s):

Question ou sujet :

MOT-CLÉS :

MESSAGE GLOBAL :

INTERPRÉTATION :

RÉFLEXIONS POST-LECTURE : DATE : / /

DATE : / / HEURE : LIEU : PHASE DE LA LUNE : ○ ● ◐ ◑

Tirage pour : Tirage fait par :

Méthode de tirage utilisée : Nombre de cartes tirées :

Jeu(x) utilisé(s):

Question ou sujet :

MOT-CLÉS :

MESSAGE GLOBAL :

INTERPRÉTATION :

RÉFLEXIONS POST-LECTURE : DATE : / /

DATE : / / HEURE : LIEU : PHASE DE LA LUNE : ○ ● ◐ ◑

Tirage pour : Tirage fait par :

Méthode de tirage utilisée : Nombre de cartes tirées :

Jeu(x) utilisé(s):

Question ou sujet :

MOT-CLÉS :

MESSAGE GLOBAL :

INTERPRÉTATION :

RÉFLEXIONS POST-LECTURE :

DATE :   /   /

DATE : / / HEURE : LIEU : PHASE DE LA LUNE : ○ ● ◐ ◑

Tirage pour : Tirage fait par :

Méthode de tirage utilisée : Nombre de cartes tirées :

Jeu(x) utilisé(s):

Question ou sujet :

MOT-CLÉS :

MESSAGE GLOBAL :

INTERPRÉTATION :

RÉFLEXIONS POST-LECTURE : DATE : / /

DATE : / / HEURE : LIEU : PHASE DE LA LUNE : ○ ● ◐ ◑

Tirage pour : Tirage fait par :

Méthode de tirage utilisée : Nombre de cartes tirées :

Jeu(x) utilisé(s):

Question ou sujet :

MOT-CLÉS :

MESSAGE GLOBAL :

INTERPRÉTATION :

RÉFLEXIONS POST-LECTURE :

DATE :   /   /

DATE : / / HEURE : LIEU : PHASE DE LA LUNE : ○ ● ◐ ◑

Tirage pour : Tirage fait par :

Méthode de tirage utilisée : Nombre de cartes tirées :

Jeu(x) utilisé(s):

Question ou sujet :

MOT-CLÉS :

MESSAGE GLOBAL :

INTERPRÉTATION :

RÉFLEXIONS POST-LECTURE : DATE : / /

DATE : / / HEURE : LIEU : PHASE DE LA LUNE : ○ ● ◐ ◑

Tirage pour : Tirage fait par :

Méthode de tirage utilisée : Nombre de cartes tirées :

Jeu(x) utilisé(s):

Question ou sujet :

MOT-CLÉS :

MESSAGE GLOBAL :

INTERPRÉTATION :

RÉFLEXIONS POST-LECTURE :

DATE : / /

DATE : / / HEURE : LIEU : PHASE DE LA LUNE : ○ ● ◐ ◑

Tirage pour : Tirage fait par :

Méthode de tirage utilisée : Nombre de cartes tirées :

Jeu(x) utilisé(s):

Question ou sujet :

MOT-CLÉS :

MESSAGE GLOBAL :

INTERPRÉTATION :

RÉFLEXIONS POST-LECTURE : DATE : / /

DATE : / / HEURE : LIEU : PHASE DE LA LUNE : ○ ● ◐ ◑

Tirage pour : Tirage fait par :

Méthode de tirage utilisée : Nombre de cartes tirées :

Jeu(x) utilisé(s):

Question ou sujet :

MOT-CLÉS :

MESSAGE GLOBAL :

INTERPRÉTATION :

RÉFLEXIONS POST-LECTURE : DATE : / /

RÉFLEXIONS PERSONNELLES

COMMENT MES LECTURES M'ONT-ELLES AIDÉ JUSQUE-LÀ ?

QUELLES PRATIQUES FONCTIONNENT LE MIEUX POUR MOI ?

OÙ PUIS-JE ENCORE M'AMÉLIORER ?

LA PROCHAINE ÉTAPE DANS MON JOURNAL DE LECTURES :

DATE : / / HEURE : LIEU : PHASE DE LA LUNE : ○ ● ◐ ◑

Tirage pour : Tirage fait par :

Méthode de tirage utilisée : Nombre de cartes tirées :

Jeu(x) utilisé(s):

Question ou sujet :

MOT-CLÉS :

MESSAGE GLOBAL :

INTERPRÉTATION :

RÉFLEXIONS POST-LECTURE : DATE : / /

DATE : / / HEURE : LIEU : PHASE DE LA LUNE : ○ ● ◐ ◑

Tirage pour : Tirage fait par :

Méthode de tirage utilisée : Nombre de cartes tirées :

Jeu(x) utilisé(s):

Question ou sujet :

MOT-CLÉS :

MESSAGE GLOBAL :

INTERPRÉTATION :

RÉFLEXIONS POST-LECTURE :

DATE : / /

DATE : / / HEURE : LIEU : PHASE DE LA LUNE : ○ ● ◐ ◑

Tirage pour : Tirage fait par :

Méthode de tirage utilisée : Nombre de cartes tirées :

Jeu(x) utilisé(s):

Question ou sujet :

MOT-CLÉS :

MESSAGE GLOBAL :

INTERPRÉTATION :

RÉFLEXIONS POST-LECTURE : DATE : / /

DATE : / / HEURE : LIEU : PHASE DE LA LUNE : ○ ● ◐ ◑

Tirage pour : Tirage fait par :

Méthode de tirage utilisée : Nombre de cartes tirées :

Jeu(x) utilisé(s):

Question ou sujet :

MOT-CLÉS :

MESSAGE GLOBAL :

INTERPRÉTATION :

RÉFLEXIONS POST-LECTURE :

DATE : / /

DATE : / / HEURE : LIEU : PHASE DE LA LUNE : ○ ● ◐ ◑

Tirage pour : Tirage fait par :

Méthode de tirage utilisée : Nombre de cartes tirées :

Jeu(x) utilisé(s):

Question ou sujet :

MOT-CLÉS :

MESSAGE GLOBAL :

INTERPRÉTATION :

RÉFLEXIONS POST-LECTURE :

DATE : / /

DATE : / / HEURE : LIEU : PHASE DE LA LUNE : ○ ● ◐ ◑

Tirage pour : Tirage fait par :

Méthode de tirage utilisée : Nombre de cartes tirées :

Jeu(x) utilisé(s):

Question ou sujet :

MOT-CLÉS :

MESSAGE GLOBAL :

INTERPRÉTATION :

RÉFLEXIONS POST-LECTURE : DATE : / /

DATE : / / HEURE : LIEU : PHASE DE LA LUNE : ○ ● ◐ ◑

Tirage pour : Tirage fait par :

Méthode de tirage utilisée : Nombre de cartes tirées :

Jeu(x) utilisé(s):

Question ou sujet :

MOT-CLÉS :

MESSAGE GLOBAL :

INTERPRÉTATION :

RÉFLEXIONS POST-LECTURE :

DATE : / /

DATE : / / HEURE : LIEU : PHASE DE LA LUNE : ○ ● ◐ ◑

Tirage pour : Tirage fait par :

Méthode de tirage utilisée : Nombre de cartes tirées :

Jeu(x) utilisé(s):

Question ou sujet :

MOT-CLÉS :

MESSAGE GLOBAL :

INTERPRÉTATION :

RÉFLEXIONS POST-LECTURE :

DATE :   /   /

DATE : / / HEURE : LIEU : PHASE DE LA LUNE : ○ ● ◐ ◑

Tirage pour : Tirage fait par :

Méthode de tirage utilisée : Nombre de cartes tirées :

Jeu(x) utilisé(s):

Question ou sujet :

MOT-CLÉS :

MESSAGE GLOBAL :

INTERPRÉTATION :

RÉFLEXIONS POST-LECTURE :

DATE : / /

DATE : / / HEURE : LIEU : PHASE DE LA LUNE : ○ ● ◐ ◑

Tirage pour : Tirage fait par :

Méthode de tirage utilisée : Nombre de cartes tirées :

Jeu(x) utilisé(s):

Question ou sujet :

MOT-CLÉS :

MESSAGE GLOBAL :

INTERPRÉTATION :

RÉFLEXIONS POST-LECTURE : DATE : / /

DATE : / / HEURE : LIEU : PHASE DE LA LUNE : ○ ● ◐ ◑

Tirage pour : Tirage fait par :

Méthode de tirage utilisée : Nombre de cartes tirées :

Jeu(x) utilisé(s):

Question ou sujet :

MOT-CLÉS :

MESSAGE GLOBAL :

INTERPRÉTATION :

RÉFLEXIONS POST-LECTURE :

DATE :   /   /

DATE : / / HEURE : LIEU : PHASE DE LA LUNE :

Tirage pour : Tirage fait par :

Méthode de tirage utilisée : Nombre de cartes tirées :

Jeu(x) utilisé(s):

Question ou sujet :

MOT-CLÉS :

MESSAGE GLOBAL :

INTERPRÉTATION :

RÉFLEXIONS POST-LECTURE :

DATE : / /

DATE : / / HEURE : LIEU : PHASE DE LA LUNE : ○ ● ◐ ◑

Tirage pour : Tirage fait par :

Méthode de tirage utilisée : Nombre de cartes tirées :

Jeu(x) utilisé(s):

Question ou sujet :

MOT-CLÉS :

MESSAGE GLOBAL :

INTERPRÉTATION :

RÉFLEXIONS POST-LECTURE :

DATE : / /

REMERCIEMENTS

La création de ce journal a été un voyage incroyable, un véritable rêve qui a pris vie. Un grand merci à mon mentor spirituel, Andrés Engracia, qui m'a enseigné et inspiré à utiliser le tarot et d'autres cartes pour améliorer ma vie et m'a aidé à débloquer d'autres outils spirituels que je ne savais même pas que je possédais. Merci à Rockpool Publishing, Paul Dennett et Lisa Hanrahan, d'avoir cru en moi et en mon idée, et de m'avoir aidée à lui donner vie dans toute sa gloire ! Et un dernier remerciement à Brooke Halliwell, qui a été une rédactrice en chef formidable et qui m'a aidée à donner la meilleure version de ce journal.

À PROPOS DE L'AUTEUR

Originaire de Suède et vivant actuellement à Sydney, en Australie, Selena Moon s'intéresse au design et à la création depuis l'enfance. Avec un intérêt pour la psychologie, elle combine ses connaissances, ses propres expériences et outils avec sa passion pour l'art afin de créer des produits qui inspirent et motivent les gens dans leur vie. Ce qui la motive le plus à créer est l'idée que cela peut aider les gens, que les créations auront un but et un potentiel pour affecter d'autres personnes de manière positive.Découvrez-en plus sur selenamoon.co ou sur Instagram : @selena.moon.artist

---

Publié pour la première fois en 2022 par Rockpool Publishing sous le titre ***The complete tarot & oracle journal.***

58, rue Jean Bleuzen – 92 178 VANVES CEDEX
Édition : Pauline Ferlay
Relecture : Daniela Barroso
Traduction et mise en pages : Églantine Mazamet
Fabrication : Anne-Laure Soyez

Dépôt légal : octobre 2024
ISBN : 978-2-01-725801-8
19-6543-6

Achevé d'imprimer en octobre 2024 en Chine.